Daniel Scheiner

Verbesserung des Geschäftsprozessmanagements (GPM) durch Einführung von Standardanwendungssoftware (SAS)

GRIN Verlag

Bibliografische Information der Deutschen Nationalbibliothek:

Die Deutsche Bibliothek verzeichnet diese Publikation in der Deutschen National-
bibliografie; detaillierte bibliografische Daten sind im Internet über http://dnb.d-
nb.de/ abrufbar.

Impressum:

Copyright © 2010 GRIN Verlag, Open Publishing GmbH
Druck und Bindung: Books on Demand GmbH, Norderstedt Germany
ISBN: 978-3-640-79383-9

Dieses Buch bei GRIN:

http://www.grin.com/de/e-book/164188/verbesserung-des-geschaeftsprozessmana-
gements-gpm-durch-einfuehrung-von

GRIN - Your knowledge has value

Der GRIN Verlag publiziert seit 1998 wissenschaftliche Arbeiten von Studenten, Hochschullehrern und anderen Akademikern als eBook und gedrucktes Buch. Die Verlagswebsite www.grin.com ist die ideale Plattform zur Veröffentlichung von Hausarbeiten, Abschlussarbeiten, wissenschaftlichen Aufsätzen, Dissertationen und Fachbüchern.

Besuchen Sie uns im Internet:

http://www.grin.com/

http://www.facebook.com/grincom

http://www.twitter.com/grin_com

Hauptseminar:	Wirtschaftsinformatik im Wintersemester 2010/2011 zum
Thema:	Verbesserung des Geschäftsprozessmanagements (GPM) durch Einführung von Standardanwendungssoftware (SAS)
von:	Daniel Scheiner aus Eibelstadt

1   Geschäftsprozessmanagement sichert Existenzen

Ohne die Unterstützung von Geschäftsprozessen durch Informations- und Kommunikationstechnologien (*IuK-Technologien*) ist heute kaum noch ein Unternehmen konkurrenz- oder sogar überlebensfähig [PÜTS07, S. 1; THOM06, S. 24]. Die Gründe hierfür werden sowohl in den sich naturgemäß stetig wandelnden Rahmenbedingungen operativer und strategischer Geschäftsaktivitäten als auch in der interdependenten Gestaltung von Anwendungssystemen und Unternehmensorganisation gesehen [SCHÜ04, S. 15].

Einige wichtige Faktoren dieser Dynamik sind die Verkürzung des Produktlebenszyklus, die internationale Konkurrenz durch die fortschreitende Globalisierung, gesetzliche Regelungen, neue informationstechnische Entwicklungen und der steigende Kostendruck [ALLW05, S. 4]. Daraus resultieren immer wieder neue Herausforderungen für Unternehmen, deren effektive Bewältigung eine kontinuierliche Anpassung der Geschäftsprozesse erfordert.

Unternehmen agieren demnach in einem sehr komplexen und dynamischen Umfeld. Komplexität entsteht durch die Vielzahl von sich gegenseitig beeinflussenden Faktoren, wie z.b. die Globalisierung und die steigenden Kundenanforderungen. Die hohe Dynamik folgt aus der schnellen Veränderung vieler dieser Faktoren. Aufgrund der genannten Aspekte ist der Einsatz geeigneter Prozesse zur Steuerung, Kontrolle und Synchronisation der notwendigen Anpassungen nicht nur eine logische Konsequenz. Ein solches aktives Management ist vielmehr eine existentielle Voraussetzung für den Erfolg, die Erhaltung und Erhöhung der Wettbewerbsfähigkeit sowie die langfristige Überlebensfähigkeit von Unternehmen [ALLW05, S. 7].

Als einer der zentralen Themenbereiche der Wirtschaftsinformatik befasst sich das Geschäftsprozessmanagement (GPM) mit genau dieser Aufgabenstellung. Das GPM wird als ein Konzept zur systematischen Modellierung, Steuerung, Überwachung und Weiterentwicklung der Geschäftsprozesse eines Unternehmens verstanden [SCHE95, S. 433]. Das Continuous System Engineering (CSE) als integrationsorientiertes Vorgehensmodell beschreibt detailliert die hierbei gewünschte kontinuierliche Anpassung von Geschäftsprozessen verbunden mit der synchronen Weiterentwicklung der dazugehörigen Informationssysteme [THOM96, S. 78f.].

Nach dem ursprünglichen Verständnis wurde das GPM primär als eine organisatorische und erst in zweiter Linie als eine technologische Aufgabe definiert [JOST02, S. 103f.]. Heute ist vermehrt die Gewährleistung von Effizienz, Agilität und Flexibilität erfolgskritisch. Die Notwendigkeit der Unterstützung des GPM durch IuK-Technologien folgt demnach unweigerlich aus der inhärenten Prozessorientierung, Dynamik und Komplexität des Aufgabengebiets [BECK09, S. 89f.; SCHM08, S. 35;SCHE06, S. 60f.].

Damit die effiziente Unterstützung von Unternehmensaktivitäten durch IuK-Technologien permanent gewährleistet werden kann, müssen parallel zu den Geschäftsprozessen auch die mit ihnen zusammenhängenden Anwendungen der Informationsverarbeitung konsequent weiterentwickelt werden. Aus diesem Grund können Programmanwendungen auch nicht längerfristig erfolgreich in der gleichen Form eingesetzt werden [THOM06, S. 215].Mit der Feststellung, dass ein effizientes GPM ohne Informationstechnik somit impraktikabel ist, lässt sich die in Abbildung 1 verdeutlichte Argumentationskette zu einem logischen Kreis schließen.

Abbildung 1: Darstellung der Zusammenhänge zwischen Geschäftsprozessen, IT und GPM

Im Folgenden stellt sich daher die Frage, was genau das Geschäftsprozessmanagement ist und inwiefern die Einführung von Standardanwendungssoftware (*SAS*) zu einer Verbesserung des GPM beitragen kann.

2 Management unternehmerischer Aktivitäten

Nahezu alle in einem Unternehmen auftretenden betriebswirtschaftlichen, organisatorischen und informationstechnischen Fragestellungen hängen direkt oder mittelbar mit Geschäftsprozessen zusammen [ALLW05, S. 25].Definiert sind diese als zielgerichtete, zeitlich-logische Abfolgen von Aufgaben, die arbeitsteilig von mehreren Personen oder Organisationseinheiten in oder zwischen Unternehmen unter Nutzung von IuK-Technologien ausgeführt werden können. Sie dienen damit der Erstellung von Leistungen entsprechend den vorgegebenen, aus der Unternehmensstrategie abgeleiteten Prozesszielen. Leistungen können dabei sowohl die Erstellung oder Bereitstellung eines physischen Produkts als auch die Erbringung eines Dienstes umfassen. Dabei ist das Ziel von Geschäftsprozessen, die Erwartungen und Anforderungen der Kunden zu erfüllen[GADA08, S. 46].

Für die Sicherung des Unternehmenserfolgs ist bei deren Gestaltung und Weiterentwicklung auf eine ausgeglichene Abstimmung zwischen einer rein operativen Kundenorientierung einerseits und einer Konzentration auf strategische Aspekte auf der anderen Seite zu achten. Die strategische Komponente darf hierbei für den langfristigen Auf- und Ausbau von Erfolgspotentialen und Kernkompetenzendes Unternehmens nicht vernachlässigt werden[SCHM08, S. 6].Die Unterstützung dieser Aktivitäten sowie der Prozesse an sich verlangt nach einer systematischen Vorgehensweise. Das GPM ist ein solches Instrument.

2.1 Aufgaben

Generell betrachtet befasst sich das GPM mit der Organisationseinheiten übergreifenden, prozessorientierten Gestaltung von Aufbau- und Ablaufstrukturen in einem Unternehmen [LASSOG, S. 297]. Dabei gilt das Hauptaugenmerk der Verbesserung betrieblicher Abläufe und ihrer Organisation. Infolgedessen unterstützt das GPM den vollständigen Prozesslebenszyklus: Geschäftsprozesse werden identifiziert, modelliert und präzisiert, analysiert, in Varianten simuliert und in verbesserter Form implementiert. Aus deren kontinuierlicher Anpassung und Verbesserung folgt der in Abbildung 2 dargestellte Kreislauf[GADA08, S. 2f.].

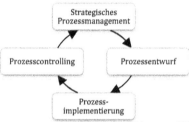

Abbildung 2: Geschäftsprozessmanagement-Kreislauf (in Anlehnung an [ALLW05, S. 1])   Bei der Betrachtung des GPM als zentralen Bestandteil eines integrierten Konzeptes für das Geschäftsprozess- und Workflow-Management (*WFM*) dient es gleichermaßen der organisatorischen Gestaltung von Prozessen, deren Abgleich mit der Unternehmensstrategie sowie der technischen Umsetzung mit geeigneten IuK-Systemen [GADA08, S. 1].Dieses GPM-Verständnis verbindet die eingangs vorgestellte, traditionelle und maßgeblich durch Methoden und Managementdisziplinen geprägte Auslegung mit der auf Automatisierungstechnologien konzentrierten, technischen Auffassung. Als umfassende und realitätsnahe Interpretation des GPM harmoniert diese zudem mit der wissenschaftlichen Sichtweise der Wirtschaftsinformatik [THOM06, S. 18; SCHE95, S. 427f.].

2.2 Motivation und Ziele

Entsprechend der einleitenden Diskussion sind Unternehmen vielen, sich ständig wandelnden Herausforderungen ausgesetzt. Diese ergeben sich unter anderem aus der fortschreitenden Globalisierung und dem Wandel von einem Verkäufer- zu einem Käufermarkt. Steigende Kundenanforderungen, kürzere Produktlebenszyklen, ein steigender Kostendruck sowie sich unregelmäßig ändernden gesetzlichen Anforderungen und Normenerfordern dabei schnelle Anpassungen und eine hohe Flexibilität. Die rasante informationstechnische Entwicklung ist ein zusätzlicher Beschleunigungsfaktor [ALLW05, S. 4-7].

Wie bereits in Kapitel 1 dargelegt, sind die Minimierung der Reaktionszeit auf derartige Anforderungen sowie die durchgängige Gewährleistung einer hohen Prozessqualität existentielle Faktoren für die Wettbewerbs- und Überlebensfähigkeit von Unternehmen. Die Effektivität und Effizienz von Geschäftsprozessen sowie deren systematische Unterstützung und Weiterentwicklung können damit als primäre Beweggründe für die Einführung eines GPM-Lebenszyklusabgeleitet werden. Effektivität wird dabei durch „richtige" Entscheidungen hinsichtlich Aktivitäten erreicht. Einen maßgeblichen Einfluss auf die Effektivität haben demnach die Unternehmensziele, -strategie und -vision [SCHM08, S. 2f.].Effizienz hingegen bedeutet „etwas richtig zu tun". Hier geht es darum, die unternehmerischen Ziele wirtschaftlich, d. h. mit minimalem Aufwand zu erreichen oder mit einem beschränkten Ressourceneinsatzdie Zielerreichung hinsichtlich bestimmter Faktoren zu maximieren[SCHM08, S. 3].

Ein im Zuge der Globalisierung zunehmend bedeutender Zusammenhang ergibt sich aus dem häufigeren und intensiveren Informationsaustausch zwischen Unternehmen. Besonders relevant sind hierbei Supply Chains, also Liefer-, Versorgungs- oder Wertschöpfungsketten. Die darin verbundenen Unternehmen sind in einer bestimmten Reihenfolge an der Versorgung, Entwicklung, Erstellung und Distribution eines Erzeugnisses beteiligt. Deren Koordination ist Aufgabe des Supply Chain Managements(*SCM*)[BECK04, S. 1; DANG04, S. 1].

Aus den zunehmend mehrstufigen Verbindungen zwischen diesen Unternehmen ergibt sich die realistischere Bezeichnung eines Beschaffungsnetzwerks. Diesbezüglich hat die kontinuierliche Qualitätssicherung von Geschäftsprozessen über das betrachtete Unternehmen hinaus auch einen Einfluss auf verschiedene Bereiche der angebundenen Lieferanten, Partner und Kunden [THOM01, S. 1521f.]. Die Einführung eines GPM kann insofern zur Verbesserung der gemeinsamen Wettbewerbsfähigkeit und gleichzeitig zu dem wirtschaftlichen Überleben derartiger Unternehmensverbunde beitragen.

Die erfolgreiche Bewältigung der vorgestellten Herausforderungen wird in der Unternehmensstrategie festgehalten. Darin begründete Ziele beinhalten üblicherweise eine Verbesserung der Transparenz, Flexibilität, Kundenorientierung, Prozessorientierung und Produktivität. Häufig genannte taktische und operative Ziele sind verringerte Kosten und Zeiten, erhöhte Qualität und Kundenzufriedenheit sowie die konsequente Ausrichtung der Prozesse an der Unternehmensstrategie [GADA08, S. 61].

2.3 Relationen von GPM und IT

Zwischen strategischer Zieldefinition, Geschäftsprozessmanagement und der Prozessunterstützung durch IuK-Systeme lassen sich inhärente Zusammenhänge feststellen. So können anhand der Abbildung 3 die in Kapitel 1 einleitend dargelegte Abhängigkeit eines effizienten GPM von der Unterstützung durch entsprechende Software nach der logischen Herleitung auch technisch spezifiziert werden.

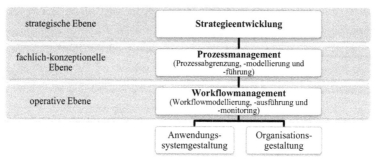

Abbildung 3: Integriertes Geschäftsprozess- und Workflow-Management (in Anlehnung an [GADA08, S. 2; SCHM08, S. 7])

Auf die Festlegung der im vorherigen Kapitel beschriebenen strategisch kritischen Erfolgsfaktoren folgt im Rahmen des Prozessmanagements die Ableitung und Präzisierung von Geschäftsprozessen aus der Unternehmensstrategie. Diese werden auf der darunterliegenden Ebene prozessorientiert als Workflows modelliert und organisatorisch basierend auf einem Berechtigungssystem in die IT eingebunden. Die Modellierung wird dabei von diversen in Kapitel 3.1 vorgestellten Softwareprodukten unterstützt.

Ein formal beschriebener, voll- oder teilautomatisierter Geschäftsprozess wird als Workflowbezeichnet [GADA08, S. 52f.]. Die technische Koordination und Organisation dieser GPM-Teildisziplin übernehmen dem Middleware-Bereich zugeordnete Workflow-Management-Systeme (*WFMS*). Sie ermöglichen die aktive, anwendungsneutrale Steuerung dieser arbeitsteiligen Prozesse und unterstützen die Modellierung, Simulation, Ausführung, Überwachung und Analyse von IT-gestützten Geschäftsprozessen auf operativer Ebene [GADA08, S. 266f.].Der Einsatz von WFMS ist vor allem für zumindest teilweise automatisierbare und regelmäßig stattfindende Prozesse prädestiniert [GADA08, S. 265]. Unstrukturierte Prozesse werden von so genannten Groupware-Lösungen unterstützt.

IuK-Technologien zur Unterstützung des GPM sind somit qualifizierte und zur Gewährleistung der notwendigen Effizienz obligatorische Hilfsmittel.

3 Inhärentes Verbesserungspotential von SAS

Standardsoftwarestellt Funktionen für eine größere Zahl von Anwendern zur Verfügung und ist damit in mehreren Unternehmen als Alternative zu Individualsoftware (*IS*) einsetzbar. Als Standardanwendungssoftware (*SAS*)werden dabei anwendungsorientierte Programme bezeichnet, die für bestimmte Aufgabenstellungen eingesetzt werden [THOM96, S. 170].Alle in der Tabelle 1 vorgestellten Lösungen erfüllen diese Kriterien. Die komparativen Vorteile von SAS gegenüber IS sind dabei unter anderem [GADA08, S. 348f.]:

- Geringer Anschaffungspreis: SAS ist als Lösung für mehrere Unternehmen konzipiert, weshalb die Entwicklungskosten rationiert werden können. Aufgrund des positiven Netzeffekts einer Standardisierung können sowohl Unternehmen als auch das GPM Vorteile aus einer hohen Verbreitung von SAS ziehen.

- Know-How-Transfer: Indem Standardabläufe aus integrierten Softwarebibliotheken ausgewählt werden, können Unternehmen von den Best-Practice-Erfahrungen des Herstellers profitieren. Die Übernahme solcher oder die Weiterentwicklung eigener Prozesse anhand branchenweit erfolgreicher Abläufe schafft einen fundierten Referenzpunkt für das GPM.

- Permanente Weiterentwicklung: Regelmäßige Updates sowie vergleichsweise konsistente Update-Zyklen verbessern die Planungssicherheit und dauerhafte Wettbewerbsfähigkeit von Unternehmen. Darüber hinaus ändern sich die organisatorischen Rahmenbedingungen üblicherweise schneller, als eine individuell entwickelte Software aufgrund mangelnder vorgehaltener Ressourcen angepasst werden kann [THOM06, S. 155].Auch das GPM profitiert von dieser kontinuierlichen Verbesserung der Prozesse und Organisationsmethoden durch einen reduzierbaren Aufwand.

- Umfangreichere Funktionalität: Aus der Einsatzbreite einer SAS ergibt sich zwangsläufig auch ein höherer Funktionsumfang. Für das GPM bietet sich hierbei eine Evaluierung neuer, eventuell effektiverer Prozeduren an.

- Customizing: Ebenso wie die Anpassung von Funktionen, können auch IT-basierte Prozessabläufe adaptiert oder auf eigene Anforderungen hin konfiguriert werden. Somit müssen nicht alle Geschäftsprozesse an die IT angepasst werden. Durch eine solche spezifische Parametrisierung ist auch bei einer SAS ein bestimmter Grad an Individualität möglich.

Zusammengefasst ist absehbar, dass bereits die Wahl einer SAS an sich Vorteile für Unternehmen und deren GPM-Aktivitäten verspricht. Dabei ermöglichen sowohl die Einführung von vollständigen Plattformlösungen oder GPM-Suites als auch die Verwendung von nicht integrierten Werkzeugen eine Potentialsteigerung des GPM.

3.1 Lösungen zur Unterstützung des GPM

Für das GPM existiert eine Vielzahl unterschiedlicher IT-basierter Hilfsmittel. Die Auswahl und Vielfältigkeit der auf dem Markt für das Geschäftsprozessmanagement angebotenen Lösungen erschwert allerdings deren präzise Trennung und Einordnung. Eine mögliche Untersuchungsstruktur bietet die Kategorisierung von Softwareprodukten anhand des Ausmaßes der gebotenen Unterstützung für das GPM:

- GPM-Werkzeuge: unterstützen die graphische Visualisierung, Modellierung und Prozessoptimierung.

- WFM-/BPM-Engines: beschränken sich auf die Bereitstellung technischer Lösungen für die Prozessausführung und -steuerung.

- GPM-Suites: beinhalten alle für ein GPM notwendigen Funktionen und Werkzeuge.

Tabelle 1: Auswahl führender GPM-Lösungen (in Anlehnung an [O.V.10; HILL09, S. 2; DRAW08])

Kategorie	Produkt	Hersteller
GPM-Werkzeuge	ARIS	Software AG (IDS Scheer)
	ADONIS	BOC Information Technologies Consulting
	Bonapart	Business Technology Consulting
WFM-/BPM-Engines	iProcess Engine	Tibco
	Windows Workflow Foundation	Microsoft
	Orchestration Director Engine	Apache Software Foundation
BPM Suites	NetWeaver	SAP
	BPM Suite	Oracle
	webMethods	Software AG

Die Tabelle 1enthält eine reduzierte Übersicht verschiedener Lösungen zur Unterstützung des Geschäftsprozessmanagements anhand der Thematisierung in einschlägigen wissenschaftlichen Veröffentlichungen[RICH10; HILL09, S. 2; DRAW08]. Eine vollständige Auflistung wäre dagegen nicht überschneidungsfrei.

3.2 Konzeptalternativen

Abhängig von den jeweils vorliegenden Umständen und Anforderungen kann die Wahl einer Lösung oder eine Kombination von mehreren Softwareproduktenzur Unterstützung des GPM in Betracht gezogen werden. Gleichwohl stellt sich die Frage nach dem Lösungsansatz mit dem größtmöglichen Verbesserungspotential.

Eine von zwei hier zu berücksichtigenden Alternativen ist die Kombination von Best-of-Breed (*BoB*) Softwarekomponenten anhand einer Fülle von Programmier-schnittstellen (*Application Programming Interfaces*). Bei GPM-Werkzeugen ist dabei die Prozessausführung und -steuerung an sich häufig nicht vorgesehen. Andererseits mangelt es bei WFM-Systemen an eben diesen Prozessorganisationsfähigkeiten sowie an der inhaltlichen Unterstützung bei der Ausführung von betriebswirtschaftlichen Einzelfunktionen. Demnach ist hier die Einbindung externer Softwaresysteme notwendig [GADA08, S. 265f.].Spezifische Funktionalität, wie etwa das Anlegen eines Auftrages, wird daher beispielsweise von einem Enterprise Resource Planning (*ERP*) System bereitgestellt [GADA08, S. 301]. ERP-Systeme unterstützen die komplexe Planung des Einsatzes von Unternehmensressourcen und sind die bekannteste Gattung betrieblicher SAS [LANN09, S. 122].

Die Kombination derartiger BoB-Lösungen kann demnach keine durchgehende Integration oder vollständige Kompatibilität garantieren. Als logische Konsequenz folgt die intensivere Integration von WFM-Funktionalität und die Bereitstellung von GPM-Werkzeugen in auf einzelne betriebliche Tätigkeitsbereiche ausgerichtete und damit anwendungsspezifische SAS [GADA08, S. 301f.; BECK98, S. 191-193].

Die Bereitstellung aller notwendigen Funktionen in einem integrierten, plattform-orientierten Ansatz soll alle in der Abbildung 1 veranschaulichten Aspekte eines vollständigen Prozesslebenszyklus-Managements abdecken. Von den führenden Herstellern werden diese Lösungen als (GPM-)Suites bezeichnet. Anlässlich der Vollständigkeit der hier gebotenen Funktionalität, konzentrieren sich die folgenden Kapitelauf das weiterführende Verbesserungspotential für das GPM anhand der Einführung durchgängig integrierter SAS.

4 Konklusive GPM-Verbesserungendurch SAS

Aufgrund der bisher dargelegten Sachverhalte lässt sich feststellen, dass eine verbesserte Unterstützung des Geschäftsprozessmanagements besonders durch die intrinsischen Eigenschaften einer integrierten Standardanwendungssoftware (SAS)begünstigt wird. Des Weiteren existieren mittelbare Effekte einer SAS-Einführung, welche es im Folgenden zu erörtern gilt.

4.1 Auswirkungen der Spezifika einer SAS-Implementierung

Der übliche Softwarelebenszyklus besteht aus den in Abbildung 4 beschriebenen Phasen Entwurf, Entwicklung und Wartung. Dabei wird die Auswahl, Einführung und Parametrisierung von Standardanwendungssoftware in der Praxis durch den Einsatz von Referenzprozessmodellen begünstigt [GADA08, S. 398].Deren Ziel ist die Abbildung der betrieblichen Realität in einer standardisierten, für Dritte nachvollziehbaren und konsistenten Form[AICH94, S. 253].Im Rahmen der Einführung von SAS ermöglichen sie zudem einen automatisierten Produktvergleich und dienen als Ausgangsbasis für die Erstellung der Sollprozesse[GADA08, S. 399].

Entwurf	Entwicklung	Wartung
•Aufgabenfeststellung und Abgleich mit den Programmlösungen	•Adaption der Standardsoftware auf Organisation und Aufgabe (Parametrisierung)	•Kontinuierliche Berücksichtigung von Ablaufschwächen und neuen Anforderungen

Abbildung 4: Phasen beim Einsatz von SAS (in Anlehnung an [THOM96 S. 24])

Bei der Entscheidung für eine SAS wird in der ersten Phase keine Individualsoftware entworfen, sondern im besten Fall lediglich die Aufgaben, Ressourcen und Ziele von Organisationseinheiten und Prozessen beschrieben. Das Ergebnis dieser Ist-Analyse kann als Anforderungsliste verwendet werden. Aus einem Katalog von Best Practice-Prozessen lassen sich damit bereits existierende Standardservices bzw. Referenzprozesse als Lösungen für die Aufgaben eines Unternehmens identifizieren und implementieren[THOM96, S. 79].Die Anpassung der Prozesse eines Unternehmens an die vorgesehenen Möglichkeiten der Standardsoftware wird als Business-IT-Alignment bezeichnet und gilt als erfolgskritisch. Wird dagegen an traditionellen Lösungen und Prozessen festgehalten, kann dies die Einführungskosten sowie den späteren Wartungsaufwand erhöhen [GADA08, S. 413].

Der Aufwand der anschließenden Produktentwicklung kann demnach auf die Anpassung einer modernen SAS an die organisatorischen und fachlichen Eigenheiten des Unternehmens reduziert werden. Als maßgebliche Aufgaben verbleiben lediglich die Parametrisierung der eingesetzten SAS-Module sowie die Auswahl gewünschter Funktionen aus den Softwarebibliotheken [LANN09, S. 113]. Referenzmodelle können hierbei in Verbindung mit den Sollprozessen als Ausgangspunkt für das Customizing eingesetzt werden [GADA08, S. 399].

Die im Rahmen der Wartung üblichen Anpassungen und Fehlerbehebungen werden dankeiner kontinuierlichen Berücksichtigung neuer Anforderungen durch Softwareaktualisierungen und Fehlerkorrekturen von Seiten des Herstellers ersetzt. Die Identifikation und Korrektur von Ablaufschwächen ist hierbei auch Aufgabe des GPM [BECK09, S. 29f.].

Für das GPM lassen sich in diesem Zusammenhangvielfältige Verbesserungen und Vorteile identifizieren. Dank der bereitgestellten Referenzmodelle existiert bereits im Zuge der SAS-Einführung eine solide Ausgangsbasis für Prozessverbesserungen. Ferner erlauben die Spezifika des SAS-Lebenszyklus eine wesentliche Aufwandsreduzierung und ermöglichen damit eine stärkere Fokussierung auf GPM-Aktivitäten. Nicht zuletzt werden Prozessverbesserungsmaßnahmen im Rahmen der Wartung auch von Updates seitens der SAS-Hersteller unterstützt, welche neben Fehlerkorrekturen und Anpassungen auch neue oder verbesserte Prozesse und Prozessmodelle enthalten können.

4.2 Visualisierung und Austausch von Prozessen

Die Illustrierung und Dokumentation von Prozessen ist eine notwendige Voraussetzung für das Management von Geschäftsprozessen [ALLW10, S. 9].Aufgrund der bereits herausgearbeiteten Eigenschaften von SAS führt eine Verwendung bzw. Einführung zu einer Standardisierung von Prozessen und Verfahrensweisen[MÜLL05, S. 214].Im Hinblick auf das GPM resultieren aus dieser Vereinheitlichung von Methoden undkorrespondierend definierten Vorgehensmodellen entsprechend kompatible Geschäftsprozessmodelle, die in und zwischen Unternehmen ausgetauscht und weiterentwickelt werden können.

Die SAP AG stellt ihre Referenzprozesse beispielsweise in Form von erweiterten ereignisgesteuerten Prozessketten (*eEPK*) zur Verfügung. Dabei wurde die graphische Modellierungssprache EPK um Elemente der Organisations-, Daten- und Leistungsmodellierung erweitert. Diese findet unter anderem im Modellierungswerkzeug ARIS Verwendung und ist gleichzeitig für die Prozessdokumentation geeignet.

Die Dokumentation hat die erklärende Beschreibung von Prozessen und Prozessmodellen sowie deren Anreicherung mit Metadaten zur Aufgabe. Siefungiert als Informationsquelle für Mitarbeiter, als vertragliche Grundlage für Projekte und Firmenaktivitäten und ist eine Notwendigkeit für die Wartung der Prozessautomatisierung. Die intensivere Automation von Geschäftsprozessen mit dem Ziel der Flexibilitätssteigerung führt erwartungsgemäß zu häufigeren Änderungen, welche bislang aufwändig manuell dokumentiert werden mussten.

Infolge einer SAS-Einführung ergeben sich aus der funktionsübergreifenden Integration, der einheitlichen Vorgehensweise sowie durch die Verwendung von standardisierten Methoden, Modellen und Notationen auch für die Dokumentation einheitliche Direktiven. Damit ist es möglich, die Dokumentation von Prozessen durch Dokumentations-Generatoren automatisch aus detailliert beschriebenen Referenzmodellen sowie aus den normierten Prozess- oder Funktionsbeschreibungen zu extrahieren. Dies bedeutet eine beträchtliche Arbeitsentlastung und kann den Wirkungsgrad des GPM entsprechend erhöhen.

Entgegen der Verfügbarkeit solcher Generatoren für gängige Programmiersprachen, sind derartige Produkte für die Analyse und Verarbeitung von Prozessen und Prozessmodellen bisher noch nicht veröffentlicht. Deren Entwicklung ist allerdings für einen aus der Verbreitung von SAS induziertem de facto Standard wirtschaftlich sehr viel lohnenswerter als die Berücksichtigung verschiedener individueller Formate. Aus der Entscheidung für eine SAS folgt auch hier eine konditionale Verbesserung. Die automatische Dokumentation von Programmen anhand bereits existierender Quellcode-Kommentaren kann ebenfalls eine Aufwertung und Hilfestellung für das GPM bedeuten. Beispiele für Code-Dokumentationsgeneratoren sind das Programm Javadoc von Sun Microsystems, Sandcastle von Microsoft oder die Open Source Anwendung Doxygen. Auch hier sind SAS-Lösungen auf Basis einer identischen Argumentation im Vorteil.

4.3 Process Mining und Simulation

Das Process Mining als automatische Generierung von Prozessen aus Prozessmodellen kann für das GPMeine Aufwandsminderung und in Folge dessen auch eine Effizienzsteigerung bedeuten. Technologisch als spezialisiertes Data Mining zu verstehen, besteht die Zielsetzung darin, relevantes Prozesswissen aus großen Datenbeständen zu extrahieren[SCHI01].Bei den hierbei verwendeten Daten handelt es sich um Protokolle der zielgerichteten Ausführung von Prozessen der Mitarbeiter oder um Workflow-Logs. Das darin enthaltene Prozesswissen wird durch das Process Mining in Modelle beziehungsweise Schemata übertragen und gespeichert. Somit kann personenunabhängig von den Prozessausführungen auf formalisiertes Prozesswissen geschlossen werden[SCHI01].

Einige Anbieter ermöglichen diese Wissensgenerierung zudem in Echtzeit. Dabei ist die Entdeckung von Prozessen, die noch unbekannt sind oder bis dahin falsch beschrieben, respektive verstanden wurden, als Aufgabengebiet des GPM von besonderem Interesse. Das Potential von Process Mining ermöglicht demzufolge eine Verbesserung des GPM und repräsentiert ein sehr nützliches sowie ökonomisch sehr reizvolles Charakteristikum von SAS.

Die Einführung von SAS vermag dieses Verfahren zu vereinfachen und effizienter zu gestalten, indem zum Beispiel auf bereits vorgegebene Prozessmodelle zurückgegriffen werden kann. Weiterhin ermöglicht die in Kapitel 3.2 diskutierte, stärkere Verzahnung von Aufgaben in einer SAS eine einheitliche, zumindest virtuell zentralisierte und somit zugriffsbedingt üblicherweise umfassendere Datenbasis.

Als wesentlicher Vorteil gegenüber dem Einsatz von IS ist zudem die abteilungs- und unternehmensübergreifende Vorvollziehung von Geschäftsprozessen hervorzuheben. Bei dem Einsatz einer SAS können diese, dank der in den Kapiteln 3 und 3.2 erläuterten vollständigen Integration aller hierfür notwendigen Aufgaben, lückenlos simuliert werden. Individualentwicklungen können selbiges aufgrund eventueller Inkompatibilitäten, mangelhafter oder fehlender Schnittstellen und Dokumentations- bzw. Transaktionsstandards nicht garantieren.

4.4 Flexibilität und Transparenz

Die Steigerung von Flexibilität und Transparenz wurde bereits in Kapitel 2.2 als Ziel des GPM identifiziert. In Kapitel 3 wurde die inhärente Unabhängigkeit der Prozesse und Prozesslogik von Einzelsystemen erläutert. Zusammen mit den im vorangegangenem Kapitel dargestellten Fähigkeiten von SAS kann damit eine bessere Wiederverwendbarkeit und folglich eine erhöhte Flexibilität in der GPM-Disziplin der Prozessgestaltung und –neukombination erreicht werden.

Eine nicht nur in diesem Zusammenhang kritische Frage ist die Sicherung der Transparenz von Prozessen, Modellen, Aktivitäten und Verantwortlichkeiten [GADA08, S. 62].Eine mögliche Antwort ist das Corporate oder Business Performance Management (*CPM*) als umfassender Ansatz zur prozessorientierten und strategiekonformen Planung, Messung und Steuerung von Geschäftsprozessen[DINT06, S. 26f.].

Basierend auf einem Data Warehouse, wird hierbei insbesondere die Ermittlung und Analyse von Kennzahlen aus einem laufenden Prozess heraus betont [GADA08, S. 43].Mit Hilfe von Business Activity Monitoring kann die kontinuierliche und flexible Prozessanpassung des GPM zudem mit Echtzeit-Informationenüber kritische Prozesskennzahlen unterstützt werden[DINT06, S. 28].Dabei ist der Einsatz einer SAS dank der in Kapitel 3 elaborierten Eigenschaften, besonders aber aufgrund des Standardisierungsniveausund Funktionsumfangs auch für diesen Aspekt vorteilhaft.

4.5 Ansätze zur Prozessverbesserung

In den letzten Jahren war die Einführung von SAS häufig der Auslöser für Business Process Reengineering (*BPR*)-Projekte [GADA08, S. 372]. Der Anlasssind die in Kapitel 4.1 beschriebenen und zu diesem Zeitpunkt korrelierenden Aufgaben und Überlegungen. Der Managementansatz des BPR steht dabei für eine radikale Unternehmensrestrukturierung, also ein grundlegendes Überdenkender Unternehmensposition sowie aller Geschäftsprozesse. Als Ziel dieser Maßnahme sind die Verbesserung von Kosten, Qualität, Durchlaufzeit und insbesondere des Kundennutzens zu nennen. Zudem führen erfolgreiche und zu einer SAS-Einführung parallele BPR-Maßnahmen in der Regel zu prozessorientierten Organisationen, was die Organisations- und Koordinationsaufgaben des GPM unmittelbar erleichtert [GADA08, S. 14].

Ein damit korrelierender Ansatz ist die Methode des Reverse Business Engineering (*RBE*).Die IBIS Prof. Thome AG bietet hierfür IT-Werkzeuge an, mit denen es möglich ist, produktive SAP-Systeme automatisiert zu analysieren. Dabei können im Rahmen einer Situationsanalyse beispielsweise die Nutzdaten von Transaktionen, Erweiterungen, Customizing-, Stamm- und Bewegungsdaten ausgelesen und bewertet werden. Darüber hinaus sind durch RBE-Prozessanalysen auch aufwändigere Projektszenarien wie etwa Harmonisierungsvorhaben, die Auswertung von Soll-Konzepten oder Prozessverbesserungenrealisierbar[O.V.10a].Bei der Einführung einer neuen SAS können damit die Analyseergebnisse aus der davor verwendeten SAP-Lösung als Grundlage für die Parametrisierung verwendet werden. Abgesehen davon bietet das RBE auch die Option einer direkten GPM-Unterstützung, indem Verbesserungspotentiale anhand der Analyse laufender Geschäftsprozesse ermittelt werden können [O.V.10a].

4.6 Organisatorische Konsequenzen

Die bisher vorgestellten Verbesserungen für das GPM durch die Einführung entsprechend qualifizierter SAS wirken der Gefahr eines mangelhaft koordinierten Gesamtablaufs und der Zementierung ineffizienter Abläufe vor allem durch die integrierte Entwicklung von Prozessen und Informationen entgegen [ALLW05, S. 33]. Hierbei unterstützende Maßnahmen des BPR führen, wie im vorigen Kapitel dargelegt, häufig zu einer prozessorientierten Organisation. Dieses Organisationskonzept lässt sich jedoch nur schwer mit herkömmlichen ERP-Systemen realisieren. So bedeutet die Abbildung einer prozessorientierten Organisation in der IT häufig einen System-

bruch. Dabei müssen Organisationseinheiten- oder modulübergreifende Geschäftsprozesse jeweils partiell modelliert, aufwendig in eventuell diverse Systeme implementiert und durch zusätzliche Konstrukte und Technologien miteinander verbunden
werden [GADA08, S. 273].Derartige Strukturen sind nicht immer störungsfrei reali-
sierbar. Die bereits in Kapitel 3.1 erörterten, integrierten SAS-Lösungen vermögen
diesen Effektauszugleichen, indem sie modulübergreifende bzw. integrierte WFM-
Funktionalität anbieten.

Eine in diesem Zusammenhang besonders hervorzuhebende Eigenschaft derartiger
Lösungen ist die systembruchfreie Automation. Dabei erlaubt die Konsolidierung
aller erforderlichen Funktionen in einer SAS die Ausführung von komplexen Aktivi-
tätsketten über unterschiedliche Anwendungsbereiche und Organisationseinheiten
hinweg, ohne zwischen verschiedenen Systemen oder Technologien wechseln zu
müssen [GADA08, S. 273]. Im Rahmen des GPM können Geschäftsprozesse demnach lückenlos sowie weniger fehleranfällig identifiziert, dokumentiert, organisiert,
kontrolliert und ausgeführt werden.

4.7   Effekte auf unternehmensübergreifende Prozesse

In Kapitel 2.2 wurde die Interdependenz der Geschäftsprozessqualität in einer Supply Chain bereits als relevanter Beweggrund für das GPM identifiziert und elaboriert.
Der Einsatz von SAS konnte dabei als bedeutender Vorzug herausgestellt werden.

Im Hinblick auf diese unternehmensübergreifenden Wertschöpfungsketten gewinnt
gerade die vorab beleuchtete systembruchfreie Automation oder weiter gefasst, die
ununterbrochene Integration von Geschäftsprozessen in die IT-Systemlandschaft an
Bedeutung. Indem besonders die vorgestellten GPM-Suites eine konsistente Prozessunterstützung über Organisationseinheiten und Unternehmensgrenzen hinweg gestat-
ten, ergeben sich Erleichterungen für alle operativen Aspekte des GPM. So erlaubt
der Einsatz einer SAS auch hier die lückenlose Identifikation, Organisation, Ausführung, Analyse, Dokumentation, Simulation und verbesserte (Re-)Implementierung
von Prozessen.

Dagegen können selbige Aufgaben in einer Individualsoftware nur mit einem ver-
gleichsweisehöheren Aufwand wahrgenommen werden. Hier sind üblicherweise ver-
schiedenartige Schnittstellen als Hilfestellung für den Informationsaustausch zwischen diversen Unternehmen notwendig. In einer Supply Chain kann das zu mehreren Systembrüchen führen.

5   Potenzierung der Vorteile von SAS für das GPM

In den folgenden Kapiteln werden nunmehr selektive Aspekte beleuchtet, welche eine Intensivierung einiger der bisher vorgestellten Verbesserungen für das GPM bedeuten können. So bieten besonders der nachfolgend thematisierte architektonische Paradigmenwandel sowie die Integration von Business Rules und Business Intelligence erhebliche Nutzwertsteigerungen.

5.1   Serviceorientierte Architektur

Eine der wesentlichen Herausforderungen dieser Epoche ist die flexible Kopplung von unternehmensübergreifenden Geschäftsprozessen und deren unterstützenden Informationssysteme [GADA08, S. 307; BEIE02, S. 315].Die enge strukturelle Abhängigkeit von GPM und IT legt dabei den Einsatz einer serviceorientierten Architektur (*SOA*) nahe. Auf deren Basis lässt sich das GPM besonders effektiv umsetzen, da den Workflow-Aktivitäten des GPM ein definiertes technisches Grundkonzept auf Basis von modularisierten Diensten vorgegeben wird [BECK09, S. 147-149].

Das Potential des GPM wird dabei durch die einfachere Wiederverwendbarkeit von Prozessen sowie durch die Möglichkeit erhöht, einzelne Prozesse zu neuen oder komplexeren Aktivitäten zu orchestrieren. Aus den technischen Eigenschaften einer SOA ergibt sich darüber hinaus eine leistungsstärkere und ressourcenschonendere Workflow-Ausführung, da anstelle extensiver Programme lediglich die einzelnen benötigten Services geladen und verarbeitet werden müssen.

5.2   Business Rules

Prozesse, Regeln und Kennzahlen werden von den meisten Unternehmen tendenziell invariabel in individuelle Applikationen implementiert. Die Differenzierung dieser Elemente und folglich auch deren Wartung und Anpassung benötigt demnach umfangreiche und langwierige Qualitätssicherungsmaßnahmen [EVEL08].Dabei ist anzunehmen, dass sich Entscheidungen, respektive Geschäftsregeln, als integrale Komponenten von Geschäftsprozessen am häufigsten ändern und entsprechend angepasst werden müssen. Die logische Konsequenz ist die Extraktion dieser „Business Rules" aus dem Programmcode oder den Geschäftsprozessmodellen. Deren gesonderte Organisation ist dabei Aufgabe des Business Rules Managements (*BRM*).

Die resultierende unternehmensweite Einsatzmöglichkeit komplexer Entscheidungsregeln über verschiedene Prozesse und Systeme hinweg, bedeutet eine weitreichende

Effizienzsteigerung des GPM, der Prozessausführung und -automation. Dabei setzt die dynamische Variabilität von Entscheidungsregeln deren prozess- und anwendungsunabhängige Integration in die IT-Landschaft des Unternehmens voraus. Besonders hervorzuheben ist hierbei das Potential einer Automation von Entscheidungsprozessen in geschäftlichen Abläufen. Im Rahmen einer SOA können Entscheidungsregeln zudem flexibel und effizient als Services bereitgestellt und einbezogen werden. Alternativ können sie auch anhand von Schnittstellen eingebunden werden oder sind bereits in BPM-Suites integriert.

5.3   Prozessorientiert automatisierte Business Intelligence

Neben IT-basierten Hilfsmitteln für die Unterstützung von Prozessen und Entscheidungsregeln gilt es auch durch automatisierte Analysen und Auswertungen von Daten zur Entscheidungsfindung beizutragen. Mit Hilfe von Business Intelligence (*BI*) können große prozessablauf- sowie prozessergebnisbezogene Datenmengen aus unterschiedlichen Quellen extrahiert, harmonisiert, verdichtet und aufbereitet werden, um entscheidungsrelevante Informationen zu generieren. Aus diesen Informationen lassen sich aussagekräftige Kennzahlen ableiten, analysieren, darstellen und überwachen [ALLW05, S. 390-393].

Auf Basis dieser BI-Metriken kann das im vorigen Kapitel ausgeführte BRM um die vollständige Automatisierung von Entscheidungen erweitert werden. Damit lassen sich einerseits intelligente Ereignisse generieren, welche einen Prozess regelbasiert auslösen können und andererseits Entscheidungen antizipieren um damit die Einbeziehung von Personen entbehrlich zu machen.

Für das GPM stellen vor allem die so generierten Kennzahlen eine sehr gute Grundlage für die Analyse der Ausführung von Entscheidungsregeln und demnach auch für deren Planung, Organisation und Weiterentwicklung dar [ALLW05, S. 390f.].Die Bezeichnung als prozessorientierte Business Intelligence ergibt sich aus dem beschriebenen Potential der Verbindung von GPM und BI. Dabei verschiebt sich der BI-Fokus von der typisch strategischen und taktischen Ebene hin zu einer operativen Unterstützung des laufenden Betriebs und des GPM [O.V.10b].

6   Caveat Emptor

Obwohl sämtliche vorgestellten Verbesserungen für das GPM durch die Einführung von SAS logisch hergeleitet, kombiniert und verifiziert wurden, sind Bedenken bezüglich einem unrentablen Verhältnis von Mehraufwand und Nutzen sowie der Integrations- und der Interoperabilitätsfähigkeit dieser Lösungen und Methoden nicht vollständig auszuräumen.

Deshalb sollen einige aus den bisherigen Ausführungen identifizierbare Risiken zumindest kurzthematisiert werden:

So können aus den SAS-Vertriebsstrategien zur Kundenbindung eine hohe Abhängigkeit vom jeweiligen Hersteller bei lediglich geringen Einfluss- respektive Modifikationsmöglichkeiten resultieren. Zusätzlich wird hierbei die Vorhaltung von Spezialpersonal oder der Einkauf von Beratungsdienstleistungen für den hohen Schulungs- und Beratungsaufwanderforderlich[GADA08, S. 348f.].

Der Aufwand organisatorischer und technischer Anpassungen ist ein weiterer zu beachtender Faktor. Modifikationen dieser Art sind kontrolliert und effizient unter Minimierung von Risiken durchzuführen. Somit ist ein durchgängiges Change Management unabdingbar [BECK09, S. 15].Zusammengefasst können einige dieser Risiken auf eine unzureichende Integration des GPM in die SAS zurückgeführt werden. Der Gefahr zu häufiger oder zu umfangreicher organisatorischer oder technischer Veränderungen kann jedoch auch bei dem Einsatz einer SAS nur bedingt mit Customizing und dem Rüstzeug von GPM, BRM und BI begegnet werden.

7   Von der Integration zur Fusion

Verbesserungen für das GPM ergeben sich, wie in dieser Arbeit beschrieben, sowohl aus den inhärenten Eigenschaften einer SAS als auch aufgrund des resultierenden Potentials und der Folgen einer SAS-Einführung. GPM-, BI- und BRM-Software bieten zudem die technologischen und organisatorischen Grundlagen, um die Herausforderung einer kontinuierlichen und automatisierbaren Aufbesserung von Geschäftsprozessen zu erfüllen. Üblicherweise werden diese Technologien allerdings weitgehend isoliert adressiert. Dabei kann deren Konvergenzwesentlich größere positive Auswirkungen auf Unternehmen zur Folge haben[EVEL08].

In diesem Zusammenhang wird vermehrt davon ausgegangen, dass das Business-IT-Alignment, sprich die Anpassung von Geschäftsprozessen an die SAS, durch eine stärkere Verflechtung beziehungsweise eine bessere Integration dieser üblicherweise getrennten Mechanismen abgelöst wird. Die Idee der Integration steht für die Verflechtung von Aufgaben, die notwendigen Anpassungen von Datenstrukturen sowie die zeitliche Koordination und Kontrolle von Organisationseinheiten übergreifenden Einflussfaktoren [THOM06, S. 214]. Das Alignment beschreibt, organisiert und regelt die Beziehungen, Rollen und Kollaboration zwischen dem Arbeitsgebiet der IT und diversen Geschäftsfunktionen.

Die neue Idee der Business-IT-Fusion beschreibt dagegen die bereits argumentierten Vorteile einer Konvergenz mit dem Unterschied, dass dieses Prinzip auf den Geschäftsbetrieb sowie die gesamte Informationsverarbeitung hin abstrahiert wurde [HINS09, S. 16].Anstatt die IT als Dienstleister für das Kerngeschäft zu behandeln, wird sie hierbei vollständig in die Strategie und das operative Geschäft einbezogen. Aus diesem Grund liegt der Fokus von Unternehmen nicht länger auf der resultierenden Kostenersparnis, sondern auf dem Innovationspotential, welches der Zusammenschluss von IT und Geschäftsprozessen ermöglicht. Die Fusion gilt damit als Treiber innovativer und integrierter Geschäftsmodelle [HINS09, S. 15-17].Eine logische Konsequenz dieser intimeren Relation sind zusätzliche Nutzwertsteigerungen der beschriebenen Vorteile eines SAS-gestützten Geschäftsprozessmanagements.

Quellenverzeichnis

[AICH94]   Aichele, C. et al.: Optimierung von Logistikprozessen auf Basis von Referenzmodellen. In: Management & Computer 2 (1994) 4, S. 253-258.

[ALLW05]   Allweyer, T.: Geschäftsprozessmanagement: Strategie, Entwurf, Implementierung, Controlling. W3L, Herdecke 2005.

[ALLW10]   Allweyer, T.: BPMN 2.0 Introduction to the Standard for Business Process Modelling. 2. Aufl., Books on Demand, Norderstedt 2010.

[BECK98]   Becker, M.; Vogler, P.; Österle, H.: Workflow-Management in betriebswirtschaftlicher Standardsoftware. In: Wirtschaftsinformatik 40 (1998) 4, S. 318-328.

[BECK04]   Beckmann, H.: Supply Chain Management: Grundlagen, Konzept und Strategien. In: Beckmann, H. (Hrsg.): Supply Chain Management - Strategien und Entwicklungstendenzen in Spitzenunternehmen. Springer, Berlin 2004, S. 1-92.

[BECK09]   Becker, J.; Mathas, C.; Winkelmann, A.: Geschäftsprozessmanagement - Informatik im Fokus. Springer, Berlin Heidelberg 2009.

[BEIE02]   Beier, D.: Informationsmanagement aus Sicht der Betriebswirtschaftslehre. Peter Lang Publishing, Frankfurt 2002.

[DANG04]   Dangelmeier, W. et al.: Agentensysteme für das Supply Chain Management. 1. Aufl., Deutscher Universitätsverlag/GWV Fachverlag, Wiesbaden 2004.

[DINT06]   Dinter, B.; Bucher, T.: Business Performance Management. In: Chamoni, P.; Gluchowski, P. (Hrsg.): Analytische Informationssysteme. Springer, Berlin 2006.

[DRAW08]   Drawehn, J. et al.: Business Process Management Tools 2008. In: Spath, D.; Weisbecker, A. (Hrsg.): Fraunhofer IAO, Fraunhofer IRB, Stuttgart 2008.

[EVEL08]   Evelson, B. et al.: How the convergence of Business Rules, BPM and BI will drive Business Optimization. In: http://www.forrester.com/go?docid=43207, Informationsabfrage am 14.09.2010.

[GADA08]   Gadatsch, A.: Grundkurs Geschäftsprozess-Management. Vieweg, Wiesbaden 2008.

[HILL09]   Hill, J. B. et al.: Magic Quadrant for Business Process Management Suites. Gartner RAS Core Research Note G00164485, Gartner Client Portal 2009.

[HINS09]   Hinssen, P.: How to move beyond Alignment and transform IT in your organization. Mach Media, Belgien 2009.

[JOST02]   Jost, W.: Geschäftsprozessmanagement gewinnt zunehmend an Bedeutung, In: IM - Information Management & Consulting 17 (2002), 10. Sonderausgabe, S. 102-105.

[LANN09]   Lanninger, V.: Prozessmodell zur Auswahl betrieblicher Standardanwendungssoftware für KMU. Josef Eul, Köln 2009.

[LASS06]   Lassmann, W.: Wirtschaftsinformatik. Gabler, Wiesbaden 2006.

[MÜLL05]   Müller, A.: Wirtschaftlichkeit der Integration - eine ökonomische Analyse der Standardisierung betrieblicher Anwendungssysteme. DUV, Wiesbaden 2005.

[NATI05]   Natis, Y. V.: Magic Quadrant for Enterprise-Scope Application Platform Suites, 3Q05. Gartner RAS Research ID G00129592, Gartner Client Portal 2005.

[O.V.10]   Ohne Verfasser: BPM Software. In: http://www.bpm-netzwerk.de/content/software/ listSoftware.do?view=general, Informationsabfrage am 02.09.2010.

[O.V.10a] Ohne Verfasser: Reverse Business Engineering. In: http://www.rbe-online.de/de/ step1.htm, Informationsabfrage am 13.09.2010.

[O.V.10b] Ohne   Verfasser: Software   AG   übernimmt   IDS   Scheer   AG.   In: http://www.harc.de/de/news/harc-news/article/2009/07/17/software-ag-uebernimmt-ids-scheer-ag-ein-fuehrender-anbieter-fuer-prozessorientierte-business-intellig.html, Informationsabfrage am 11.09.2010.

[PÜTS07]   Pütsch,   F.:   Der   Wertbeitrag   der   IT.   In: http://www.at.capgemini.com/m/at/doc/Wertbeitrag_der_IT_Puetsch.pdf, Informationsabfrage am 26.06.2007.

[RICH10]   Richardson, C. et al.: Business Process Management Suites Q3 2010. In: http://www.forrester.com/go?docid=53295, Informationsabfrage am 14.09.2010.

[SCHE95]   Scheer, A. W. et al.: Rahmenkonzept für ein integriertes Geschäftsprozessmanagement. In: Wirtschaftsinformatik 37 (1995), S. 426-434.

[SCHE06]   Scheer, A. W.; Werth, D.: Geschäftsprozessmanagement für das Unternehmen von morgen. In: Karagiannis, D.; Rieger, B. (Hrsg.): Herausforderungen in der Wirtschaftsinformatik. Springer. Berlin 2006.

[SCHI01]   Schimm, G.: Was ist Process Mining. In: http://www.processmining.de/1054.html, Informationsabfrage am 11.09.2010.

[SCHM08]   Schmelzer, H.: Sesselmann, W.: Geschäftsprozessmanagement in der Praxis. Hanser, München 2008.

[SCHÜ04]   Schütte, R.: Vering, O.: Erfolgreiche Geschäftsprozesse durch standardisierte Warenwirtschaftssysteme. Springer, Berlin 2004.

[THOM96]   Thome, R.: Hufgard, A.: Continuous System Engineering. Vogel, Würzburg 1996.

[THOM01]   Thome, R.: Böhnlein, C.-B.: Fünf Stufen zum Supply Net Management. In: Hartmann-Wendels et al. (Hrsg.): Das Wirtschaftsstudium 30 (2001) 11, S. 1521-1527.

[THOM06]   Thome, R.: Grundzüge der Wirtschaftsinformatik. Pearson Studium, München 2006.